Heike Kaster

Welche Frage hast du noch nicht gestellt?

Eine Anleitung zum Fragenstellen und wie
du ungeahnte Antworten erhältst

Impressum

© 2021 Heike Kaster

Umschlag, Illustration: Heike Kaster – Canva

Verlag & Druck:
tredition GmbH, Halenreie 40-44, 22359 Hamburg

ISBN:
978-3-347-26844-9 (Paperback)
978-3-347-26845-6 (Hardcover)
978-3-347-26846-3 (e-Book)

Inhaltsverzeichnis

Vorwort..8

Anleitung zum Fragen stellen..............................9

Was glaubst du, noch lernen zu müssen?...............13

Was ist deine Ausrede?..15

Was ist deine Aufgabe?..17

Weshalb passiert mir das?....................................19

Was hält dich davon ab, dein Leben auf allen Ebenen zu genießen?....21

Was, wenn nichts sinnlos ist?...............................23

Wo ist dein blinder Fleck?...................................25

Was hält dich davon ab, die Welt zu verändern?...................26

Du kannst alles ändern...29

Was braucht es für dich, um sich auf etwas einzulassen?...................31

Was wird möglich, wenn du damit, statt dafür oder dagegen bist?......33

Wer wählst du, zu sein?..35

Welche neue Perspektive entdeckst du heute?...................37

Wem vertraust du, wenn nicht dir?........................39

Suchst du oder wartest du darauf, dass dich etwas findet?...................41

Was fürchtest du?..43

Wo fängt Veränderung an?...................................45

Wobei bremst dich deine Vorstellungskraft aus? 47

Welche Geschichte bist du? 49

Was macht dich glücklich? 51

Was musst du tun? 53

Was ist so wertvoll daran, es festzuhalten statt es loszulassen? 55

Welchen Wert hat der Preis, den du zahlst? 57

Wo willst du hin? 59

Was kannst du nicht vergeben? 61

Was bedeutet Freiheit für dich? 63

Welche Macht gibst du an andere ab, statt auf dein Wissen zu vertrauen? 65

Was ist notwendig, damit du die Weisheit in dir anerkennst? 67

Was willst du sofort haben, statt den Weg dorthin zu gehen? 69

Was macht dir so viel Freude, dass du es den ganzen Tag tun könntest? 71

Ist jetzt der Zeitpunkt, Altes loszulassen, damit Neues seinen Raum findet? 73

Was hält dich davon ab, deine Möglichkeiten zu erkennen und zu leben? 75

Woran mangelt es dir? 77

Welche Fähigkeit verleugnest du? 79

Was ist jenseits von Kampf und Widerstand möglich? 81

Erlaubst du dir, ein schlechter Mensch zu sein? 83

Wer bist du ohne die Geschichten, die du von dir erzählst? 85

Was oder wer bremst dich aus? 87

Wer bist du? 89

Weiß der Andere, was du von ihm erwartest? 91

Was wird möglich, wenn du Vertrauen statt Zweifel wählst? 93

Was bist du nicht willig zu tun, das dich, wenn du es tun würdest, heilt? 95

Was wäre, wenn Zeit keine Rolle spielt? 97

Was wenn nichts daran falsch wäre? 99

Wer bist du ohne alle deine Begrenzungen und Limitierungen? 101

Was ist der Wert daran, festzuhalten? 103

Was macht dich glücklich? 105

Für wen oder was bist du dankbar? 107

Vorstellungskraft – Übung 108

Deine Stärken - Übung 110

Deine Stärken – Tabelle 113

Was nimmst du wahr? - Übung 114

Danksagung 118

Über die Autorin 119

Vorwort

Fragen öffnen den Raum der Möglichkeiten. Antworten begrenzen die Möglichkeiten.

Stell also Fragen ohne den Impuls, eine Antwort zu finden. Die Lösung wird dich finden - auf welche Art und Weise auch immer.

Ist es nicht manchmal befreiend, die Suche nach der Antwort abzugeben und darauf zu vertrauen, dass das Universum sie dir liefert? Du musst nichts tun, außer achtsam durch dein Leben zu gehen. Die Lösung wird sich dir zeigen. Manchmal laut und offensichtlich - manchmal leise und versteckt. Das Universum liebt dich und will immer dein Bestes. Deshalb schickt es dir die optimale Lösung. Es ist möglich, dass sie ganz anders ist als alles, was du jemals in Betracht gezogen hast. Tu sie deshalb nicht als unmöglich oder unwahrscheinlich ab. Spür hinein und frag nach der Freude, die dir dieser Weg bringen wird und folge ihr. Ich wünsche dir viel Spaß mit den Fragen und Leichtigkeit mit den Antworten, die dich finden werden.

Anleitung zum Fragen stellen

Ich freue mich, dass du dich mit meinen Fragen intensiver beschäftigen möchtest.

Hier erzähle ich dir meine Herangehensweise an diese Fragen. Fühl dich frei, sie so zu stellen, wie es für dich passt.

Meine Fragen sollen Türen für Möglichkeiten öffnen. Ich stelle aus diesem Grund keine Fragen nach dem Warum oder Fragen, die du nur mit Ja oder Nein beantworten kannst.

Ich weiß, dass niemand von uns alle Möglichkeiten kennt. Du siehst oft nur Dinge, die du schon kennst. Aus diesem Raum heraus versuchen die meisten Menschen, Fragen zu beantworten und im Alltag zu agieren. Ich habe eine gute Nachricht für dich. Wenn du dich auf meine Herangehensweise einlässt, öffnen Fragen dir die Tür zu neuen, ungeahnten Möglichkeiten.

Eine meiner Erfahrung nach wichtige Voraussetzung ist, dass du unbedarft, wie ein kleines Kind, an die Fragen herangehst. Erlaube dir, nicht zu wissen, wie die Lösung aussieht. Mach dich frei davon, dass du sofort eine Antwort erhältst. Dein Unterbewusstsein arbeitet an einem Ergebnis, auch wenn du es auf der bewussten Ebene, deinem Verstand und Ego, nicht wahrnimmst.

Entspanne dich, sowohl körperlich als auch mental. Verbinde dich mit Mutter Erde. Stelle dir vor, wie du Wurzeln wachsen lässt. Tief hinein in das Urwissen der Welten. Leere dein Gehirn, deine Gedanken und Gefühle. (Wenn sie ein bisschen widerspenstig sind, sage ihnen, dass du eine Auszeit von 10 Minuten brauchst. Danach dürfen sie sich gerne wieder zeigen.) Du musst nicht wissen, wie das geht. Erkläre einfach deine Absicht, es zu tun. Es wird dann automatisch geschehen. Verbinde dich dadurch mit dem Universum, Gott oder an was auch immer du glaubst. Öffne dein Herz und deine Seele. Betritt deinen Herzraum. In ihm wohnen deine Dankbarkeit, Freude und Güte. Spüre diese Gefühle. Dehne dein Sein aus und gehe in deine wahre Größe. Du bist nicht nur dein Körper. Deine Seele und dein Sein sind größer. Vertraue. Vertraue darauf, dass es für Alles eine Möglichkeit gibt. Vertraue darauf, dass sie dir gezeigt wird. Vertraue darauf, dass alles zur optimalen Zeit geschieht. Vertraue darauf, nichts wissen zu müssen und alles wissen zu dürfen.

Wenn du in diesem Zustand bist, stelle meine Frage. Erwarte nichts und alles wird möglich. Sei offen dafür, dass sich Dinge zeigen, die du für Unmöglich hältst. Wären sie wahrhaftig unmöglich, würden sie sich dir nicht zeigen. Du kennst vielleicht den Weg dahin noch nicht. Dass es sich zeigt, bedeutet, dass du noch Schritte zu gehen hast. Sei achtsam. Es kann ein Gespräch sein, dem du zuhörst. Ein Satz in einem Artikel, den du liest. Ein Gedanke, der plötzlich auftaucht. Ein unerwartetes Geschenk, dass dir deine Antwort auf diese Frage liefert.

Meine besondere Fähigkeit ist es, mit Fragen den Raum der Möglichkeiten für dich zu öffnen. Du hast immer die Wahl, ihn zu betreten und deine Möglichkeiten zu empfangen. Vertraue darauf, dass alles zu deinem Besten geschieht. Auch wenn es vielleicht im ersten Moment nicht so scheint.

Ich wünsche dir viel Freude, Erkenntnisse und vor allem Leichtigkeit und Spaß dabei, meine Fragen ohne Erwartungen zu stellen.

Was glaubst du, noch lernen zu müssen?

Was glaubst du, noch lernen zu müssen?

Alles Wissen für dieses Leben liegt in dir.

Was, wenn noch nicht der Zeitpunkt ist, an dem du dieses Wissen benötigst?

Wo glaubst du, Wissen von anderen übernehmen zu müssen, statt auf das zu vertrauen, was du weißt?

Welche Abkürzung kannst du wählen, indem du dich beim Lernen unterstützen lässt?

Welche Lernaufgabe hast du noch nicht anerkannt?

Vor was drückst du dich, statt endlich den Mut zu haben, da durchzugehen und auf dein inneres Wissen zu vertrauen?

Was glaubst du, ist schwierig oder nicht möglich zu lernen und machst es erst damit für dich unmöglich?

Wer hat das vor dir gelernt, so dass du ihn um Hilfe bitten könntest?

Wo glaubst du, etwas nur durch Selbsterfahrung lernen zu können?

Was ist deine Ausrede?

Was ist deine Ausrede?

Wie schlecht bist du darin, Ausreden zu finden? Oder ist es so, dass die Ausreden dich finden?

Was glaubst du nicht zu können, erst lernen oder perfektionieren zu müssen, bevor du loslegst?

Wartest du auf den perfekten Zeitpunkt?

Wer oder was glaubst du, gibt dir den Startschuss?

Welches Quäntchen „was auch immer" fehlt dir noch?

Was, wenn die Ausrede ein Schutz ist, der dich von einem Fehler abhält?

Hast du dich einmal mit deinen Ausreden darüber unterhalten, was ihr Zweck ist?

Wenn du die Hintergründe und den Sinn erkennst, sind die Ausreden dann noch notwendig?

Was auch immer du tust, achte darauf, dass es dir Freude macht. Wenn es dir Freude macht, hält dich keine Ausrede davon ab, anzufangen.

Was ist deine Aufgabe?

Was ist deine Aufgabe?

Welche Fähigkeiten hast du?

Was machst du damit?

Wofür setzt du sie ein?

Was glaubst du, damit bewirken zu können?

Wem glaubst du, damit helfen zu können?

STOP:

Will der andere deine Hilfe? Braucht der andere deine Hilfe?

Ist es deine Aufgabe, ihm zu helfen?

Ich bin ein Freund von Hilfe zur Selbsthilfe.

Bevor ich diese anbiete stelle ich mir jedoch eine Frage:

Welcher Lernaufgabe beraube ich den anderen, wenn ich ihm

helfe, Dinge für ihn mache oder an seiner Stelle erledige?

Manchmal ist es das größte Geschenk, da zu sein und

zuzuschauen, wie der Andere seine Lernaufgabe erfüllt. Allein

zu wissen, dass jemand DA ist, ermöglicht ihm so viel mehr.

Weshalb passiert mir das?

Weshalb passiert mir das?

Weshalb passiert MIR das?

Weshalb passiert mir DAS?

Spürst du den Unterschied?

Wie viel mehr kannst du erkennen, wenn du das ICH weglässt?

Weshalb passiert es genau in dieser Form - mit diesem Menschen?

Welche Lernaufgabe steckt darin?

Welches Geschenk hält das für dich bereit?

Was, wenn es genau so passieren muss, damit du dich weiter entwickeln kannst?

Was, wenn das die Abkürzung ist, nach der du irgendwann einmal gefragt hast?

Bist du wirklich der Grund, weshalb es geschieht oder möglicherweise ein Werkzeug, damit bei jemand anderem Veränderung möglich wird?

Wenn du das ICH weglässt, kann sich das große Ganze zeigen.

Was hält
dich davon
ab, dein
Leben auf
allen Ebenen
zu genießen?

Was hält dich davon ab, dein Leben auf allen Ebenen zu genießen?

Bist du - noch - nicht gut genug dafür?

Glaubst du, es nicht verdient zu haben?

Bist du der Meinung, erst etwas tun zu müssen, um dann dafür eine Belohnung zu erhalten?

Welche Unwahrheit, die deine Eltern, Lehrer, ... dir erzählt haben, hast du übernommen, die verhindert, dass du Genuss empfängst?

Was wenn Genuss der Zuckerguss auf der Torte deines Lebens wäre - würdest du darauf verzichten wollen, die Torte durch den Guss zu einem einzigartigen Erlebnis für Augen und Gaumen zu machen?

Wie definierst du für dich Genuss?

Was kannst du ohne schlechtes Gewissen genießen? Wem gehört dieses schlechte Gewissen?

Was, wenn dein ganzes Leben als Genuss und Belohnung gedacht war und sich das Universum ganz verwundert die Augen reibt und sich fragt, weshalb du so viel Widerstand gegen den Sinn des Lebens hast und so viel unnützes Zeug tust, damit du ja nicht die Belohnung empfangen kannst?

Was,
wenn
nichts
sinnlos
ist?

Was, wenn nichts sinnlos ist?

Ist es notwendig, den Sinn in Allem zu erkennen?

Was wird möglich, wenn du darauf vertrauen kannst, dass das Universum keine Fehler macht?

Wo suchst du nach dem Sinn?

Welche Dinge glaubst du, als Mensch begreifen oder verstehen zu müssen - die in Wahrheit nicht vom menschlichen Verstand begriffen werden können? Was verändert sich, wenn du an dem Punkt angekommen bist, an dem du beginnst das scheinbar Sinnlose zu akzeptieren statt daran festzuhalten nach dem Grund zu suchen?

Wo hast du akzeptieren mit gutheißen verwechselt?

Was glaubst du ändern oder ungeschehen machen zu müssen, das in Wahrheit dem großen Ganzen dient?

Was kann dich dabei unterstützen, das Sinnlose zu verarbeiten und in dein Leben zu integrieren?

Welche Lehre ziehst du aus einer sinnlosen Tat?

Was, wenn nichts daran falsch wäre, dass du glücklich darüber bist, dass dir und deiner Familie nichts geschehen ist?

Wo ist
dein
blinder
Fleck?

Wo ist dein blinder Fleck?

Wo magst du nicht hinschauen?

Was hält dich davon ab, dir das genauer zu betrachten? Angst?

Vor was? Vor den Konsequenzen?

Welche ungeahnten Möglichkeiten würden sich ergeben, wenn du bereit wärst, die Konsequenzen zu akzeptieren?

Wo hast du akzeptieren damit verwechselt, dass es tatsächlich eintritt?

Welche Wunder werden möglich, wenn du bereit bist, dir deinen blinden Fleck einmal anzuschauen?

Was, wenn allein das Hinschauen die Tür ist, die Veränderung bewirkt?

Was wird möglich, wenn du hinnehmen kannst, dass dein blinder Fleck lediglich für den Moment so ist - dass noch nicht der optimale Zeitpunkt ist, um ihn sichtbar zu machen?

STOPP: Die letzte Frage ist nicht als Ausrede gedacht, nicht hinzuschauen. Alle Fragen funktionieren nur, wenn du ehrlich zu dir selbst bist. Im Raum der Möglichkeiten ist ALLES jenseits von Bewertungen vorhanden.

Was hält dich davon ab, die Welt zu verändern?

Wo hältst du dich für zu klein und unbedeutend, um Veränderung zu bewirken?

Wo zweifelst du noch an deinen Fähigkeiten, ein Beitrag für etwas Neues zu sein?

Welche Lügen hast du übernommen, dass eine einzelne Person die Welt nicht verändern kann?

Welchen Autoritäten glaubst und vertraust du und begrenzt dich und das Wunder in dir damit?

Wo hast du dir selbst eine Grenze gesetzt und sie unüberwindbar gemacht, statt anzuerkennen, dass genau jetzt die Zeit ist, in der Grenzen, die jahrhundertelang geschlossen waren, auf einmal geöffnet werden (können)?

Es sind viele einzelne Tropfen notwendig, um eine Schale zu füllen, damit sich ihr Wasser auf die Erde ergießt und sie nährt.

Wenn auch nur ein Tropfen fehlt, funktioniert es nicht.

Was, wenn genau du dieser Tropfen bist, der notwendig ist, um Veränderung zu ermöglichen?

Veränderung fängt mit einem ersten Schritt bei dir selbst an.

Schau hin,

was du dir im Leben wünschst,

was dein Leben für dich lebenswert macht,

mit was du den Tag beginnen möchtest,

was du dir selbst wert bist.

Fang an, eines davon jeden Tag zu tun. Konsequent. Und hör auf, darüber nachzudenken. Tu es.

Wir sind alle miteinander verbunden. Das was du dir Gutes tust, tust du auch anderen Menschen Gutes. Was, wenn du genau damit der Auslöser bist, der das Leben eines dir unbekannten Menschen verändert?

Du
kannst
alles
ändern

Du kannst alles ändern

Was glaubst du, nicht verändern zu können? Weshalb möchtest du etwas ändern?

Was hält dich davon ab, etwas zu verändern?

Was würdest du anders machen - mit was würdest du anders umgehen, wenn alles möglich wäre?

Was, wenn etwas unveränderbar ist, weil es nur so dem großen Ganzen dient? Welche Lernaufgabe bist du nicht bereit anzunehmen und glaubst, etwas ändern zu müssen, statt es aufzulösen?

Welche Veränderung hältst du - aus welchen Gründen auch immer - für unveränderbar und verwehrst dir mit dieser Ansicht den Zugang zu dem Punkt, der dir die Möglichkeit es zu ändern, aufzeigt?

Was braucht es für dich, um sich auf etwas einzulassen?

Was braucht es für dich, um sich auf etwas einzulassen?

Was verhindert ein Einlassen?

Wo glaubst du, die Kontrolle bewahren zu müssen?

Was glaubst du, hinterfragen zu müssen, so dass du nicht einfach vertrauen kannst?

Was, wenn nichts daran falsch wäre, erst nachzufragen und zu wissen, bevor du dich auf etwas einlassen kannst?

Welche Veränderung verhinderst du, indem du nicht bereit bist, dich auf ungewohntes Terrain zu begeben?

Wo sagt deine Seele Stopp und verhindert so, dass du dich auf etwas einlässt für das du noch nicht bereit bist?

Was wird
möglich,
wenn du
damit statt
dafür oder
dagegen bist?

Was wird möglich, wenn du damit, statt dafür oder dagegen bist?

Was ist erforderlich, um etwas in Einklang zu bringen?

Was ist jenseits von Widerstand und Fürsprache möglich?

Was, wenn du anfängst, Dinge aus einer neutralen Position heraus zu betrachten?

Wo führt dich deine Seele hin, wenn du aufhörst in „richtig / falsch" - „entweder / oder" - „gut / schlecht" zu denken und zu handeln?

Was hält dich davon ab, dich auf etwas einzulassen und im Fluss der Möglichkeiten zu baden?

Wer
wählst
du, zu
sein?

Wer wählst du, zu sein?

Welche Rolle möchtest du in einer Situation spielen?

Was, wenn nichts daran falsch wäre in ähnlichen Situationen immer wieder eine andere Rolle zu wählen?

Was kreiert hier gerade mehr - Drama oder Verletzlichkeit?

Welche Macht gestehst du anderen zu, indem du ihnen die Kraft zugestehst, zu entscheiden in welche Rolle du zu schlüpfen hast?

Wo hast du aberkannt, dass nur du allein entscheidest, wer oder was du bist?

Welche
neue
Perspektive
entdeckst
du heute?

Welche neue Perspektive entdeckst du heute?

Ein Perspektivenwechsel ist für mich eine Möglichkeit, Veränderungen herbei zu führen.

Was weißt du über den Anderen, seine Gedanken, Gefühle?

Was weißt du, was er erlebt hat und was ihn zu dem Menschen gemacht hat, der er ist?

Wahrheit - kommt die Antwort aus deinem Ego und Verstand oder kannst du die Möglichkeit in Betracht ziehen, nichts zu wissen?

Wie oft versuchst du dich in andere hineinzuversetzen und nimmst letztendlich nur deine eigene Sichtweise wahr?

Welchen Spiegel hält dir der andere vor?

Bist du bereit hineinzuschauen?

Bist du dir sicher, dass der andere dich kennt?

Weißt du mit absoluter Sicherheit, dass er weiß, was du dir von ihm wünschst und erwartest?

Wie oft hast du einen Perspektivenwechsel damit verwechselt, den Anderen verstehen zu müssen?

Was, wenn es nicht um verstehen, sondern um Anerkennung, Verständnis, Mitgefühl und Erlaubnis geht?

Wem vertraust du, wenn nicht dir?

Wem vertraust du, wenn nicht dir?

Welche Lügen glaubst du anderen?

Welche Unwahrheiten erzählt dein Ego dir? Letztendlich, weil es glaubt, dich zu schützen. Dennoch bleiben es Unwahrheiten.

Was ist notwendig für dich, um die Basis für Vertrauen zu schaffen?

Was hindert dich daran, dir selbst zu vertrauen?

Welche Erlebnisse und Worte haben dich an deiner Wahrheit zweifeln lassen?

Was, wenn das genau der Zweck dieser Dinge war?

Wo hast du Vertrauen mit „unvorsichtig sein" verwechselt?

Selbst blindes Vertrauen beinhaltet, auf sein Bauchgefühl zu hören.

Suchst du
oder
wartest du
darauf, dass
dich etwas
findet?

Suchst du oder wartest du darauf, dass dich etwas findet?

Was wird möglich, wenn du weder suchst noch wartest,
sondern etwas selbst kreierst und erschaffst?

Was wird möglich, wenn du darauf vertraust, dass du alles
anziehen kannst, das deinem Lebensweg entspricht?

Von wem glaubst du, abhängig zu sein, so dass du nicht deinen
eigenen Fähigkeiten jenseits deiner Vorstellungskraft vertrauen
kannst?

Wen glaubst du zu brauchen oder um Rat fragen zu müssen,
um deine Träume Wirklichkeit werden zu lassen?

Welches Hilfsmittel kannst du JETZT verwenden, das dich
weiterbringt?

Was fürchtest du?

Was fürchtest du?

Ist es wirklich deine Furcht oder etwas das, das du von anderen übernommen hast oder ihnen glaubst?

Wem dient die Furcht?

Vor was beschützt dich deine Furcht möglicherweise?

Was ist das Schlimmste, das dir passieren könnte?

Wenn du es dir in allen Details ausmalst, ist es dann noch so dramatisch, wie du es ursprünglich geglaubt hast?

Welche Konsequenzen bist du nicht bereit, zu tragen?

Welches Geschenk trägt deine Furcht in sich?

Wenn du einen Buchstaben drehst, wird aus der Furcht eine Frucht.

Was kannst du drehen, so dass deine Furcht Früchte trägt?

Wo
fängt
Veränderung
an?

Wo fängt Veränderung an?

Mit dem ersten Schritt?

Hast du ihn vielleicht längst gemacht und noch nicht bemerkt?

Welche Veränderung hat sich wie selbstverständlich in dein Leben geschlichen?

Wo hast du andere verändert?

Wo haben Menschen oder Situationen dich verändert?

Ist das bewusst geschehen oder unbewusst?

Welche Veränderung hast du bewusst gewählt?

Erinnerst du dich an den einen Moment, in dem die Veränderung angefangen hat?

Ist das Leben für dich stetige Veränderung oder möchtest du, dass alles so bleibt wie es ist, weil es vielleicht gerade so gut läuft?

Was, wenn eine Veränderung etwas noch Großartigeres für dich bereithält, als du dir vorstellen kannst?

Du kannst niemanden verändern. Das was du ändern kannst, ist deine Einstellung und Wahrnehmung.

Welche Veränderung wählst du?

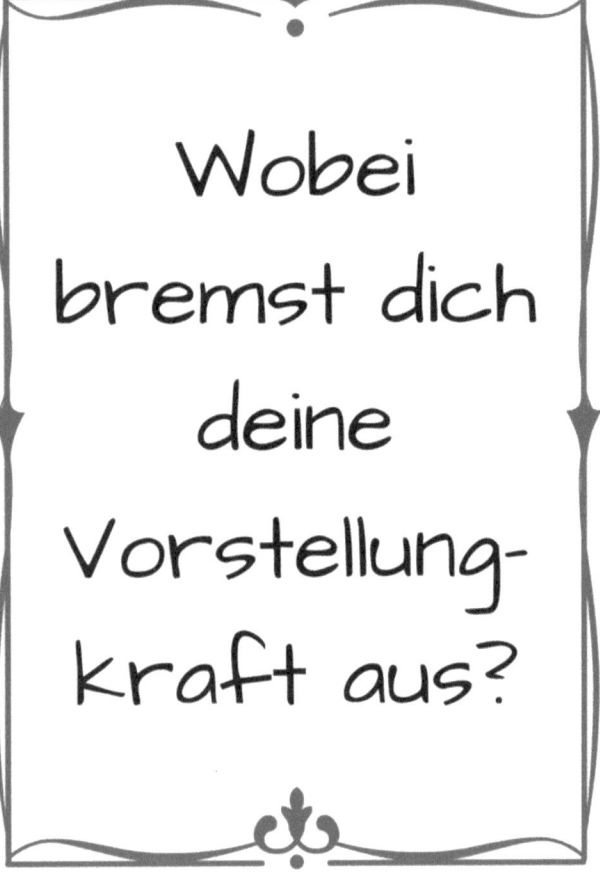

Wobei bremst dich deine Vorstellung-kraft aus?

Wobei bremst dich deine Vorstellungskraft aus?

Was ist jenseits deiner Vorstellungskraft möglich?

Was, wenn deine Vorstellungskraft dich beschränkt?

Was ist möglich, das du dir in deinen kühnsten Träumen und Wünschen nicht vorstellen kannst?

Was weißt du, das du dir nicht vorstellen kannst?

Was geschieht und wird möglich, wenn du deine Absicht zum Wohle Aller erklärst, ohne eine Ansicht oder Vorstellung darüber zu haben, was - wann - wie geschehen wird und kann?

Was, wenn es vollkommen ausreichend ist, seine Absicht zu erklären und dann bewusst seiner Wahrnehmung und Intuition zu folgen?

Was, wenn du dir die optimale Lösung vorstellst und das Universum etwas für dich bereithält, das du dir nicht vorstellen kannst?

Welche Geschichte bist du?

Welche Geschichte bist du?

Wenn wir uns vorstellen oder über uns erzählen, erzählen wir eine Geschichte.

Ist diese Geschichte noch wahr?

Welches Märchen über dich erzählst du?

Welche alte Geschichte kramst du wieder und wieder heraus?

Bist du diese Geschichte oder ist sie längst Geschichte?

An welcher Aussage über dich hältst du fest?

Triffst du sie oder ist das etwas, das andere über dich erzählen und das du glaubst?

Wer bist du ohne diese alten Geschichten?

Hinter welcher Geschichte versteckst du dich?

Welche Geschichte über dich würdest du gerne erzählen?

Was macht dich glücklich?

Was macht dich glücklich?

Was oder wer zaubert dir für einen Moment ein Lächeln ins Gesicht?

Muss das Glück groß sein oder darf es in kleinen Schritten kommen?

Wen machst du für glückliche Momente verantwortlich?

Wo wohnt dein Glück?

Wie fühlt es sich für dich an, glücklich zu sein?

Welche Rahmenbedingungen kannst du verabschieden, damit Glück bei dir einziehen kann?

„Das Glück ist in Sekunden zu Hause, nicht in großen Momenten."

Was
musst
du tun?

Was musst du tun?

MUSST du es tun?

Musst DU es tun?

Musst du es TUN?

Was musst du tun?

Weshalb musst du es tun?

Für wen tust du es?

Kannst du es aushalten, nichts zu tun?

Wo hast du Nichts-tun mit Untätigkeit verwechselt?

Manchmal liegt das größte Geschenk darin, nichts zu tun und einfach (da) zu sein und damit alles zu tun.

Was ist so
wertvoll
daran, es
festzuhalten
statt es
loszulassen?

Was ist so wertvoll daran, es festzuhalten statt es loszulassen?

Was willst du loslassen, weil es dich belastet?

Weshalb schaffst du es nicht?

Was hält dich davon ab?

Du hast die verschiedensten Techniken probiert und trotzdem ziehst du es immer wieder an?

Dann stell dir einmal diese Frage. Oder / und diese:

Welcher Aspekt lässt dich an Altem festhalten?

Was ist der Vorteil daran? Für dich? Für Andere?

Was erlaubt dir nicht, aus deiner Komfortzone herauszukommen?

Was wäre das Schlimmste, das passieren könnte, wenn du es loslässt?

Wäre das wirklich der Weltuntergang?

Ist es wirklich wertvoll oder nur eine Angewohnheit, weil du es immer so gemacht hast? Oder Bequemlichkeit?

Wenn du erkannt hast, dass etwas daran für dich wertvoll ist, weshalb willst du es dann loslassen?

Welchen
Wert hat
der Preis,
den du
zahlst?

Welchen Wert hat der Preis, den du zahlst?

Alles hat seinen Preis. Hat alles einen Preis?

Wie steht das für dich im Zusammenhang mit "alles hat Konsequenzen"?

Was bist du bereit zu zahlen?

Welche Konsequenzen bist du bereit zu tragen?

Was ist wichtiger für dich - der Preis, den du zahlst oder der Wert, den es für dich hat?

Was ist so wertvoll, dass du glaubst, es nicht bezahlen zu können / es dir nicht leisten zu können?

Wie definierst du wertvoll?

Wo ist dein (Preis) Limit?

Wo glaubst du, dass etwas nichts wert ist, weil der Preis dir zu gering erscheint?

Wo
willst
du
hin?

Wo willst du hin?

Das Ziel ist der Weg?

Der Weg ist das Ziel?

Hast du ein Ziel?

Musst du ein Ziel haben?

Hilft es dir zu wissen, wo es hingeht?

Bist du bereit, unterwegs die Richtung zu ändern?

Wie sehen deine Wegweiser aus?

Gibt es welche?

Wer stellt die Wegweiser auf?

Was bedeuten Umwege für dich?

Ziel- und planlos leben - funktioniert das für dich?

Gibt es dir Sicherheit zu wissen, wohin es geht?

Was, wenn nichts falsch daran wäre, ohne Plan und Ziel seinen

Weg zu gehen?

Wohin gehst du?

Was
kannst du
nicht
vergeben?

Was kannst du nicht vergeben?

Was bedeutet Vergebung für dich?

Bedeutet es etwas zu vergessen?

Etwas gut zu heißen?

Wem oder was kannst du in Wahrheit nicht vergeben?

Dem Anderen? Dir selbst?

Das, was es mit dir gemacht hat?

Deine eigene Untätigkeit in der Situation?

Wem schiebst du Schuld und Verantwortung zu?

Wo bist du nicht bereit, deinen eigenen Anteil daran zu sehen?

Bist du bereit zu vergeben und loszulassen und damit den
Raum zu schaffen, indem du wählen kannst, weiter zu gehen,
statt an alten Geschichten festzuhalten?

Was, wenn der Andere etwas getan hat, das zu deinem Wohl
war und nicht, um dir zu schaden?

Was, wenn er durch sein Tun eine Katastrophe verhindert hat?

Was, wenn er lediglich das Werkzeug war, um dich auf deinem
Weg weiter zu bringen?

Was glaubst du über den anderen und die Gründe, die dazu
geführt haben, zu wissen, so dass du nicht vergeben kannst?

Vergebung fängt immer bei dir selbst an.

Was bedeutet Freiheit für dich?

Was bedeutet Freiheit für dich?

Von was willst du frei sein?

Was tust du, wenn du frei bist?

Welcher Möglichkeit beraubst du dich, wenn du glaubst, dich von etwas befreien zu müssen?

Wo ist der Unterschied zwischen "frei zu sein" und "selbstbestimmt"?

Was hast du so wichtig daran gemacht, frei zu sein, dass du noch nicht anerkannt hast, welche Freiheiten du bereits hast?

Schau dir das Thema einmal nur für dich selbst an und nicht im Zusammenhang mit der Welt.

Welche persönliche Freiheit ist DIR wichtig? Welche Freiheit lebst du bereits?

Welche Macht gibst du an andere ab, statt auf dein Wissen zu vertrauen?

Welche Macht gibst du an andere ab, statt auf dein Wissen zu vertrauen?

Welche Bequemlichkeit hast du als so lebensnotwendig erachtet, dass sie dich davon abhält, Zugriff auf dein Inneres Wissen zu haben?

Welche Lügen übernimmst du von anderen?

Welche Wahrheit bist du nicht bereit anzuerkennen?

Welchen inneren Widerstand ist es jetzt Zeit aufzugeben, so dass du dir deine Macht zurücknehmen kannst?

Was ist der Wert daran, Macht abzugeben?

Was kannst du Größeres kreieren, wenn du anderen folgst?

Was ist
notwendig,
damit du
die Weisheit
in dir
anerkennst?

Was ist notwendig, damit du die Weisheit in dir anerkennst?

Alles, was du wissen musst, liegt in dir.

Welche Ablenkungen hast du eingeladen, die dich davon abhalten, auf dein inneres Wissen zuzugreifen?

Was wird möglich, wenn du die Zweifel an den Möglichkeiten, die dein inneres Wissen dir schenkt, loslässt?

Wem überlässt du die Führung in deinem Leben?

Wen oder was glaubst du zu brauchen, damit du weißt, was zu tun ist?

Was weißt nur du, das dir guttut und dich weiterbringt als du dir vorstellen kannst?

Was willst
du sofort
haben, statt
den Weg
dorthin zu
gehen?

Was willst du sofort haben, statt den Weg dorthin zu gehen?

Manchmal können wir es nicht erwarten, etwas zu bekommen.

Sei es ein Gegenstand, eine Begegnung oder die Erleuchtung.

Welche Möglichkeiten schenkt dir der Weg dorthin?

Wärst du überfordert, wenn es sofort eintreffen würde?

Was könntest du nicht entdecken, ohne den Weg zu gehen?

Welche Wegbegleiter würdest du nicht kennen lernen?

Würde es dir noch Freude machen, wenn du es sofort hättest?

Wo hast du Ungeduld mit Vorfreude verwechselt?

Welche Lernaufgabe glaubst du umgehen zu können, indem du dir wünschst, etwas sofort zu haben?

Was macht
dir so viel
Freude, dass
du es den
ganzen Tag
tun könntest?

Was macht dir so viel Freude, dass du es den ganzen Tag tun könntest?

Wie wäre es, Spaß und Freude in herausfordernden Situationen zu wählen?

Welche Leichtigkeit verwehrst du dir, wenn du glaubst, an der Schwere festhalten zu müssen, die üblich ist?

Wer kannst du jenseits von Normalität in schwierigen Zeiten sein?

Was verändert sich, wenn du der Freude folgst?

Wer oder was hält dich davon ab, deinen eigenen Humor über die Tragik der Situation zu entwickeln und zu zeigen?

Was kannst du heute tun, das dir Freude und Spaß macht und damit alle Lebenslagen verändern? Für 1 Min. - 1 Std. - 1 Tag

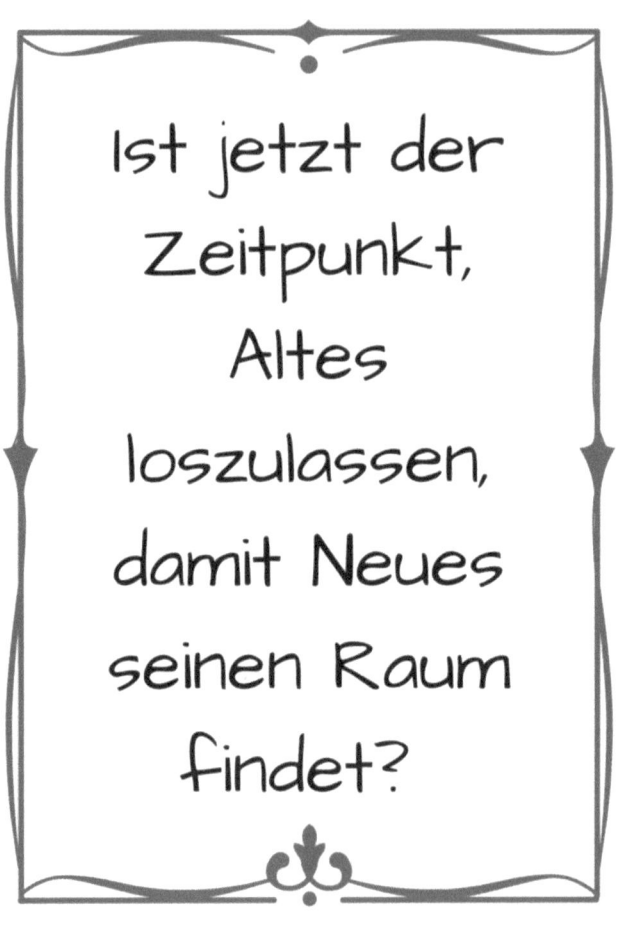

Ist jetzt der Zeitpunkt, Altes loszulassen, damit Neues seinen Raum findet?

Ist jetzt der Zeitpunkt, Altes loszulassen, damit Neues seinen Raum findet?

An was hältst du fest?

Was macht es so wertvoll für dich?

Was hält dich in Wahrheit davon ab, alte Gewohnheiten und Mechanismen loszulassen?

Wo bist du nicht bereit, in deine Schöpferkraft zu kommen?

Was kannst du Neues erschaffen, wenn du ihm den Raum dafür gibst?

Wer will, dass du und alles so bleibt, wie es ist?

Welche Lüge kannst du jetzt enttarnen, die es dir erleichtert, Altes mit Leichtigkeit loszulassen und das Neue, Unbekannte willkommen zu heißen?

Welche Sicherheit bietet dir das Altbekannte?

Woher weißt du, dass das Neue Unsicherheit bedeutet?

Wo bist du nicht bereit hinzuschauen und wahrzunehmen? Was wenn nichts daran falsch wäre, an Altem festzuhalten?

Was hält dich
davon ab,
deine
Möglichkeiten
zu erkennen
und zu leben?

Was hält dich davon ab, deine Möglichkeiten zu erkennen und zu leben?

Das Leben bietet immer Möglichkeiten. Manchmal sind sie nicht auf den ersten Blick zu erkennen. Ich weiß, dass sie da sind.

Was nimmst du nicht als Möglichkeit wahr, das in Wahrheit eine Chance ist?

Was glaubst du, ist unmöglich und schaust es dir deshalb nicht einmal an?

Wie oft lässt du dich von anderen beeinflussen, statt deiner inneren Weisheit zu vertrauen?

Welche Möglichkeiten lässt du außer Acht?

Welche Konsequenzen glaubst du hat es, wenn du diese Möglichkeit lebst?

Was verändert sich, wenn du dir diese scheinbaren Konsequenzen einmal im Detail anschaust?

Was hält dich davon ab, mit und an Herausforderungen zu wachsen?

Du schaffst das.

Woran mangelt es dir?

Woran mangelt es dir?

Woran mangelt es dir wirklich?

Was, wenn Mangel nichts Falsches wäre?

Was, wenn es lediglich ein Hinweis darauf ist, genauer hinzuschauen, was dahinter liegt?

Was, wenn es ein Hinweis darauf ist, wo du besser für dich selbst sorgen kannst?

Alles ist das, was du daraus machst!!!

Wenn du dich dem Mangel hingibst und nichts anderes darin siehst, als Verzicht, kann sich nichts anderes zeigen.

So einfach ist das.

Wenn du schaust, wo du wirklich nicht in Balance bist, wo es ein Defizit gibt, kannst du deinen Fokus darauf richten, es auszugleichen.

Was will dir dein Mangelgefühl und dein Mangeldenken wirklich sagen? Was wird möglich, wenn du bei dir dahinter schaust?

Wo hast du anderen geglaubt, dass es dir an etwas fehlt?

Was fehlt dir wirklich?

Welche Fähigkeit verleugnest du?

Welche Fähigkeit verleugnest du?

Was glaubst du, welches deiner Talente bedeutungslos ist?

Welche deiner Fähigkeiten haben andere als unwichtig abgetan?

Welche besondere Gabe zeigst du nicht?

Welche deiner Fähigkeiten haben deine Eltern unter den Teppich gekehrt?

Für was wurdest / wirst du falsch gemacht?

Welches Leben kannst du verändern, indem du ihm deine Talente zur Verfügung stellst?

Was hast du hier noch nicht anerkannt, das dir die Türen zu einem wundervollen und magischen Leben öffnet?

Was ist jenseits von Kampf und Widerstand möglich?

Was ist jenseits von Kampf und Widerstand möglich?

Ist es noch notwendig zu kämpfen?

Welche Freiheit erlaubst du dir nicht, die dich glauben lässt, gegen etwas angehen zu müssen?

Was ist das Geschenk, das hinter dem Widerstand liegt?

Was bist du nicht bereit aufzugeben?

Welche Veränderung wird für dich und andere möglich, wenn du für einen Moment aufhörst zu kämpfen und in Widerstand zu gehen?

Was versuchst du durch Kampf und Widerstand zu verstecken?

Was verleugnest du?

Welchen Deckmantel aus Kampf und Widerstand hast du gewählt, statt deine wahre Kraft strahlen zu lassen?

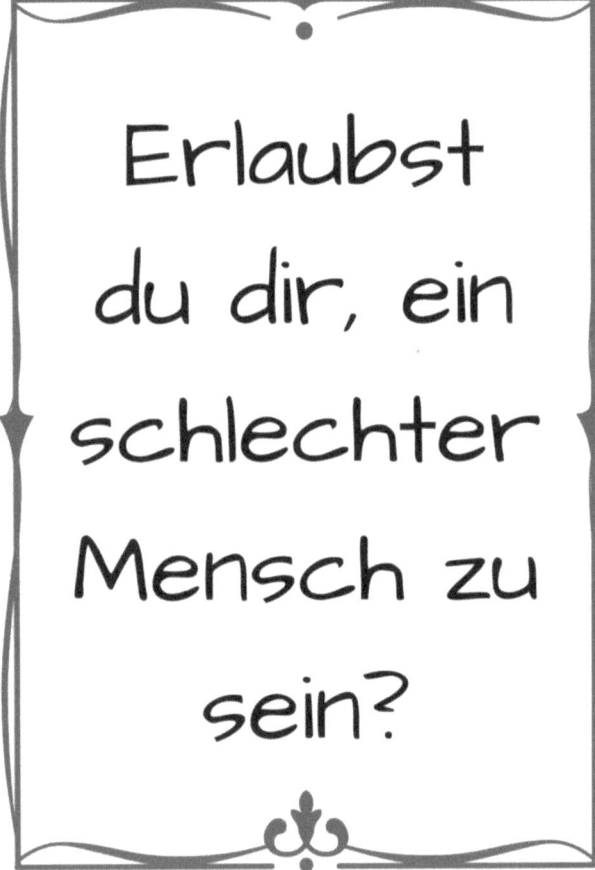

Erlaubst
du dir, ein
schlechter
Mensch zu
sein?

Erlaubst du dir, ein schlechter Mensch zu sein?

Für mich bedeutet Erlaubnis zu haben nicht, dass ich es wählen oder tun würde. Es öffnet den Raum der Möglichkeiten, in dem ALLES möglich ist - ohne Bewertungen und Verurteilungen.

Es ist eine Möglichkeit von Milliarden.

Wenn ich mich dieser Möglichkeit verschließe, welchen verschließe ich mich dann - unbewusst - noch?

Was, wenn es die Erlaubnis braucht, ein schlechter Mensch zu sein, um mir die Tür zu einer scheinbar unmöglichen Lösung zu öffnen?

Die sich dann ganz anders zeigt, als ich es erwartet habe?

Was wenn es dein Job ist, in einer Situation ein schlechter Mensch zu sein, damit ein anderer seine Lernaufgabe erfüllen kann?

Was wenn du gewählt hast, die Erfahrung zu machen, wie es sich anfühlt ein schlechter Mensch zu sein?

Welche Veränderung ist möglich, wenn du dir erlaubst, es zu sein, statt dagegen anzukämpfen und im Widerstand zu sein?

Weißt du mit absoluter Sicherheit, dass du dann wirklich ein schlechter Mensch bist oder wirst?

Wer bist du ohne die Geschichten, die du von dir erzählst?

Wer bist du ohne die Geschichten, die du von dir erzählst?

Jeder erzählt Geschichten über sich.

Weil mir das und das passiert ist, kann ich dies und jenes nicht tun.

Stimmt das wirklich?

Oder erzählst du dir diese Geschichte, um eine Ausrede zu haben?

Wer bist du in Wahrheit, der du über diese Geschichte hinaus dein Leben kreierst?

Welche (Lügen) Geschichten erzählst du wieder und wieder, so dass du damit eine automatische Warteschleife kreierst?

Was oder wer bremst dich aus?

Was oder wer bremst dich aus?

Bremst du dich selbst aus?

Lässt du dich von anderen ausbremsen?

Was ist das Geschenk darin, einmal langsamer zu machen?

Wo hast du bremsen mit anhalten/stoppen verwechselt?

Was entgeht dir, wenn du rasend schnell unterwegs bist?

Wo hast du Langsam-Sein mit Unfähigkeit verwechselt?

Wobei und wofür gönnst du dir keine Zeit, so dass das Leben dich ausbremst?

Wer bist du?

Wer bist du?

Du kannst nichts anderes sein, als du selbst.

Wenn du glaubst, etwas anderes zu sein, trägst du eine Maske und versteckst dich. Vor wem oder was auch immer.

Was ist notwendig, um du selbst zu sein?

Welche Unwahrheiten darüber, wer du bist, hast du anderen geglaubt?

Wer bist du, wenn du du selbst bist?

Was weißt du bereits darüber?

Welche Verleugnung darfst du jetzt loslassen?

Du bist perfekt und wundervoll, genauso wie du bist. Die Welt braucht dich, so wie du bist.

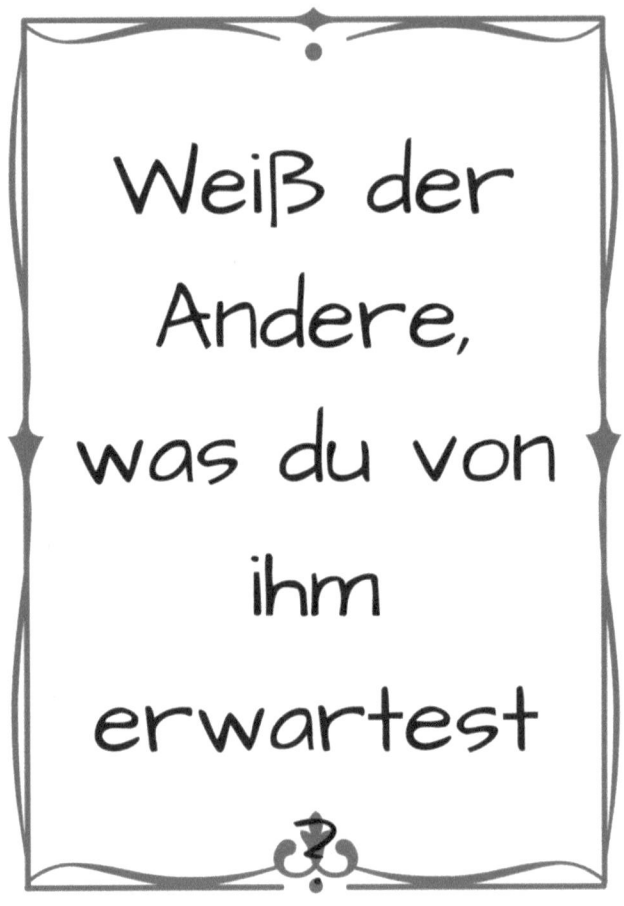

Weiß der
Andere,
was du von
ihm
erwartest

Weiß der Andere, was du von ihm erwartest?

Weißt du, was der andere von dir erwartet?

Glaubst du es zu wissen?

Weißt du es wirklich?

Meiner Meinung nach kannst du es nicht wahrhaftig wissen.

Weshalb? Du hast

- nicht sein Leben gelebt,

- nicht seine Erfahrungen gemacht,

- nicht seine Gedanken gedacht,

- nicht seine Gefühle gefühlt.

Wer bist du also, dass du behauptest zu wissen, was der andere erwartet?

Kommunikation hilft in solchen Situationen. Frage konkret:

Was erwartest du gerade von mir?

Was erwartest du gerade von dir selbst?

Was erwartest du von der Situation?

Nicht, was wünschst du dir, was möchtest du, sondern ganz gezielt nach Erwartungen fragen.

Was wird möglich, wenn du Vertrauen statt Zweifel wählst?

Was wird möglich, wenn du Vertrauen statt Zweifel wählst?

Erlaube deinem Ego und deinem Verstand die Zweifel für einen Moment an die Seite zu stellen.

Auf was oder wen vertraust du?

Helfen deine Zweifel dir wirklich weiter?

Was ist der Wert deiner Zweifel, worauf wollen sie dich aufmerksam machen, das du erkennen kannst, wenn du deinem Zweifel vertraust und mit ihm sprichst?

Wo hast du vergessen, dass manche Dinge sich von alleine erledigen?

Wie oft bist du enttäuscht worden, so dass du glaubst, nicht mehr vertrauen zu können?

Was hat dich mehr enttäuscht - der andere oder deine Fehleinschätzung?

Was wird möglich, wenn du deinem inneren Wissen und Führung vertraust?

Was weißt du, was das Beste für dich ist?

Was wird möglich, wenn du damit startest, dir selbst zu vertrauen statt an dir und deiner Wahrnehmung und deinen Fähigkeiten zu zweifeln?

Was bist du nicht willig zu tun, das dich, wenn du es tun würdest, heilt?

Was bist du nicht willig zu tun, das dich, wenn du es tun würdest, heilt?

Alles liegt in unserer Hand.

Wenn es unserem Wohl dient, wir uns darauf einlassen und uns damit verbinden.

Worauf wartest du, statt ins Tun zu kommen?

Was glaubst du, geschieht von ganz alleine?

Welchen Turbogang kannst du einlegen, wenn du bereit bist aktiv zu werden und deine Komfortzone zu verlassen?

Wie glaubst du, sieht Heilung für dich aus?

Bist du bereit, alle Vorstellungen davon loszulassen und der höheren Macht / dem Universum / Gott / dem Wissen in dir zu vertrauen, dass es den optimalen Zustand für dich kennt?

Was wäre, wenn Zeit keine Rolle spielt?

Was wäre, wenn Zeit keine Rolle spielt?

Wie würdest du sie nutzen?

Müsstest du sie überhaupt nutzen?

Was würdest du länger tun als bisher?

Was sollte schneller vorbei sein?

In was würdest du weniger oder mehr Zeit investieren?

Wie sähe dein Alltag aus?

Würdest du nach einem Rhythmus leben oder spontan?

Was, wenn Zeit lediglich eine Definition ist, die versucht dich einzuschränken?

Was, wenn Zeit unendlich ist?

Was, wenn es keine Zeit gibt und Zeit eine Lüge ist, die du übernommen hast, um dich zu beschränken?

Wie sieht dein Leben aus, wenn du den Faktor Zeit außer Acht lässt?

Was wenn
nichts
daran
falsch
wäre?

Was wenn nichts daran falsch wäre?

Woher weißt du, dass es falsch ist?

Ist es für dich falsch oder glaubst du, dass dich andere deshalb falsch machen?

Stell dir einmal vor, dass alles gut ist, genauso, wie es ist.

Es gibt kein gut oder schlecht, kein richtig oder falsch.

Wie fühlt sich das für dich an?

Stimmig? Oder passt etwas nicht?

Wenn sich etwas unrund anfühlt, dann ändere es. DU bist der Einzige, der für sich entscheiden kann, was für dich richtig oder falsch ist.

Wer oder was kannst du heute wählen zu sein, das für dich vollkommen richtig ist?

Welche Unwahrheiten über das Falsch-Sein hast du übernommen?

Welche Wahrheit möchtest du leben?

Wer bist du
ohne alle deine
Begrenzungen
und
Limitierungen?

Wer bist du ohne alle deine Begrenzungen und Limitierungen?

Was, wenn du deine Begrenzungen und Limitierungen erschaffen hast, um dich zu schützen?

Ist jetzt möglicherweise der Zeitpunkt, an dem du diesen Schutz nicht mehr benötigst?

Wir halten oft aus Gewohnheit an Altem fest.

Wie wäre es, einmal genauer hinzuschauen, was dir noch dienlich ist und was dich inzwischen mehr behindert, als dass es dich weiterbringt?

Was ist
der Wert
daran,
festzuhalten?

Was ist der Wert daran, festzuhalten?

Was kannst du nicht loslassen?

Musst du es loslassen?

Was hält dich davon ab, es loszulassen?

Was lässt dich daran festhalten?

Was ist das Geschenk darin, es zu behalten?

Welcher Anteil davon trägt dir bei?

Was macht es für dich wertvoll?

Was macht dich glücklich?

Was macht dich glücklich?

Wenn du alles im Leben haben könntest, was würdest du wählen, das dich glücklich macht?

Wo hast du aufgehört hinzuschauen und wahrzunehmen, dass es die Summe der vielen Kleinigkeiten ist, die dich am Ende des Tages bereichert und glücklich macht?

Brauchst du das Außen, um glücklich zu sein?

Wen oder was machst du für dein Glück verantwortlich?

Was, tief in dir drin, macht dich glücklich?

Was wird möglich, wenn du anerkennen kannst, dass du der Schlüssel zu deinem Glück bist und das Außen die Schlüssellöcher sind, in die du deinen Schlüssel steckst und du so die Tür zum Glück für die Welt öffnest?

Für wen oder was bist du dankbar?

Für wen oder was bist du dankbar?

Dankbarkeit ist eine der Energien, die am meisten verändert.

Was hält dich davon ab, dankbar zu sein?

Wo siehst du nicht das Fünkchen Licht in Menschen und Situationen?

Für welche scheinbare Kleinigkeit bist du dankbar?

Wem kannst du heute wertschätzend begegnen und danke sagen?

Weiß der andere, dass du dankbar für das bist, was er/sie für dich tut?

Was ist für dich inzwischen selbstverständlich, so dass du gar nicht auf die Idee kommst, dankbar dafür zu sein?

Vorstellungskraft – Übung

Was glaubst du, erst sehen zu müssen, um zu wissen, dass es da ist?

Stell dir vor ...

Vor deiner Wohnung steht ein Baum. Du berührst ihn, betrachtest ihn ganz genau. Wie fühlt der Stamm sich an? Welche Formen und Farben haben die Blätter? Hat er viele Äste? Wachsen Früchte an diesem Baum? Blüht er vielleicht gerade?

Später schaust du aus dem Fenster und siehst den Baum, betrachtest in ganz genau. Du weißt noch, wie sich die Rinde angefühlt hat. Du siehst die Vielfalt der Blätter.

Es ist stockfinstere Nacht, du kannst nicht schlafen und schaust aus dem Fenster auf den Baum vor deiner Wohnung. Du gehst wieder ins Bett und träumst und in deinen Träumen berührst und siehst du den Baum vor deiner Wohnung.

Wenn du den Baum nicht mit deinen Händen berührst - woher weißt du, dass er wirklich existiert?

Wenn du den Baum nicht sehen kannst - woher weißt du, dass er da ist? Wenn du nicht einmal wach bist - woher weißt du, dass der Baum vor deiner Tür da ist?

Was soll das Beispiel dir zeigen? Dinge nicht physisch und mit allen Sinnen wahrnehmen zu können, bedeutet nicht, dass sie nicht da sind.

Fang an auf das zu vertrauen, das in dir ist, ohne, dass es für die Existenz eines Beweises bedarf. Vertraue auf dein Wissen und deine innere Führung. Sie sind immer präsent und immer für dich da, auch wenn du sie nicht siehst oder gerade nicht wahrnehmen kannst.

Deine Stärken - Übung

Schwächen wandeln - Stärken entdecken

Wie verwandele ich meine Schwäche in eine Stärke?

Ich erzähle dir sicherlich nichts Neues, wenn ich dir sage, dass alle Menschen ihre Stärken und Schwächen haben.

Was einen Unterschied macht, ist die Betrachtungsweise. Was für den einen eine Stärke ist, ist für sein Gegenüber eine Schwäche und umgekehrt.

Wie verändere ich meine Schwäche?

Wenn du ein zur Hälfte gefülltes Glas mit Wasser vor dir stehen hast, frag dich: Ist mein Glas Wasser halb voll oder halb leer? Oder ist es einfach nur ein 200 ml Glas, das mit 100ml Wasser gefüllt ist?

Spür einmal bewusst in die drei Möglichkeiten hinein?

Halb voll?

Halb leer?

Ein mit 100ml gefülltes 200ml Glas

Was fühlt sich leichter an? Für die meistens ist es das halb volle Glas, weil es etwas Positives ausdrückt.

Genau wie mit dem Glas, kannst du deine Schwäche umdeuten, indem du dir klar machst, welchen positiven Aspekt sie hat.

Welchen Vorteil könnte deine vermeintliche Schwäche haben?

ungeduldig - Vorfreude, etwas nicht erwarten können

ruhig - guter Beobachter

beharrt auf etwas - geradlinig

braucht lange - genau, exakt

ungehorsam - weiß, was sie nicht will / eigene Meinung

redet viel - mitteilsam, hat etwas zu sagen

manipulativ - schafft es, dass ihre Bedürfnisse erfüllt werden

...

Wie erkenne ich meine Stärken?

Deine Stärken sind zum einen Dinge, die du gut kannst und Werte, die du lebst. Zum anderen sind es Eigenschaften, die andere an dir schätzen.

Weißt du, was andere als deine Stärke wahrnehmen?

Ich habe dir eine Liste mit möglichen Stärken in diesem Buch bereitgestellt. Kopiere sie mindestens vier mal. Kreuze zuerst auf einer Liste an, welche Eigenschaften du als deine Stärke wahrnimmst.

Die anderen Listen gibst du deiner Familie, Freunden, Bekannten, Arbeitskollegen, ... zum Ankreuzen. Lass dich überraschen, welche Stärken sie in dir sehen. Es sind sicherlich einige dabei, von denen du denkst: "Ich doch nicht. Nein, die Stärke habe ich nicht." Manche Eigenschaften werden wahrscheinlich alle in dir sehen. Andere werden davon abhängig sein, in welcher Beziehung du zu der Person stehst. Deinem Partner sind andere Eigenschaften wichtig, als deiner Kollegin. Unterhalte dich mit den Menschen, weshalb sie diese Stärke in dir sehen. Sie können dir mit Sicherheit Beispiele und Situationen nennen.

Sei dir sicher, andere können nur das sehen, was längst in dir ist. Möglicherweise siehst du es momentan nicht. Das bedeutet jedoch nicht, dass du diese Stärke nicht hast. Vielmehr ist sie dir (noch) nicht bewusst.

Wenn du das nächste Mal in einer Lage bist, bei der du denkst, das schaffe ich nicht - ich kann das nicht, dann erinnere dich an die Stärken, die andere in dir sehen.

Deine Stärken – Tabelle

☐ abwägend	☐ gewissenhaft	☐ realistisch
☐ achtsam	☐ herzlich	☐ reflektiert
☐ anpassungsfähig	☐ hilfsbereit	☐ romantisch
☐ aufrichtig	☐ humorvoll	☐ rücksichtsvoll
☐ ausgeglichen	☐ innovativ	☐ ruhig
☐ beharrlich	☐ inspirierend	☐ selbstbewusst
☐ beherrscht	☐ kämpferisch	☐ selbstlos
☐ belastbar	☐ klug	☐ selbstständig
☐ bescheiden	☐ kommunikativ	☐ sorgfältig
☐ bewusst	☐ konsequent	☐ souverän
☐ charmant	☐ kraftvoll	☐ spontan
☐ clever	☐ kreativ	☐ sportlich
☐ couragiert	☐ leidenschaftlich	☐ stark
☐ diplomatisch	☐ liebevoll	☐ tatkräftig
☐ diszipliniert	☐ loyal	☐ teamfähig
☐ ehrlich	☐ mitfühlend	☐ tolerant
☐ einfallsreich	☐ motiviert	☐ umsichtig
☐ empathisch	☐ musikalisch	☐ unkompliziert
☐ engagiert	☐ mutig	☐ unkonventionell
☐ entspannt	☐ nachdenklich	☐ verlässlich
☐ ermutigend	☐ natürlich	☐ verständnisvoll
☐ flexibel	☐ offen	☐ warmherzig
☐ fröhlich	☐ optimistisch	☐ weise
☐ fürsorglich	☐ ordentlich	☐ willensstark
☐ geduldig	☐ organisiert	☐ wissbegierig
☐ gelassen	☐ pflichtbewusst	☐ witzig
☐ gerecht	☐ phantasievoll	☐ zielstrebig
☐ geschickt	☐ pragmatisch	☐ zupackend
☐ gesellig	☐ präzise	☐ zuverlässig

Was nimmst du wahr? - Übung

Wie nimmst du wahr?

Auf uns stürmen in jeder Sekunde Millionen von Bildern, Eindrücken, Gefühlen, Geräuschen, Worten, usw. ein.

Unser System filtert diese Eindrücke und zeigt uns das, von dem es glaubt, dass es für uns relevant ist. Dieser Filter basiert auf dem was wir erlebt, gefühlt und/oder gedacht haben.

Was bleibt unbewusst bei dir hängen?

Was bleibt unbewusst an mir hängen?

Vieles von dem was du im Außen wahrnimmst, bleibt in deinem Unterbewusstsein hängen. Meistens sind es Gefühle. Diese sind oft mit Gedanken verknüpft. Du interpretierst Dinge hinein, die gar nicht da sind. Jeder von uns nimmt auf diese Art und Weise wahr und speichert Dinge ab. Einige Menschen sind empfänglicher dafür als andere. Das hängt u.A. mit ihrer Empathie und Sensibilität zusammen.

Kennst du das?

Du betrittst einen Raum voller Menschen und plötzlich ändern sich deine Gefühle. Vorher warst du gut gelaunt und jetzt verspürst du eine Schwere oder einen Druck.

Manche Menschen sind so sensibel, dass es reicht an einem traurigen Menschen vorbeizugehen, um ihre Fröhlichkeit von einer Sekunde auf die andere in Traurigkeit zu verwandeln. Dies alles geschieht unbewusst, ohne, dass du einen Einfluss darauf hast.

Wie erkenne ich, was zu mir gehört?

Die Antwort ist:

Indem du danach fragst und hinein spürst.

Ist das meins?

Sag laut: JA

Wie fühlt sich das für dich an?

- leicht oder schwer?

- macht es auf oder zu?

- spürst du körperlich etwas?

Sag laut: NEIN

Wie fühlt sich das für dich an?

- leicht oder schwer?

- macht es auf oder zu?

- spürst du körperlich eine Veränderung zum JA?

Was tust du, wenn etwas zu dir gehört?

Wenn du ein JA bekommst, ist es dein eigenes Gefühl oder ein Aspekt des Gefühls oder der Situation berührt einen Punkt in dir. Sollte es dir merkwürdig vorkommen und du es im ersten Moment nicht verstehen können, stell Fragen.

- Warst du schon einmal in einer ähnlichen Situation?
- Wie hast du dich damals verhalten?
- Würdest du dich heute wieder so verhalten?

Es ist wichtig, dass du dir das Gefühl offen und mit Dankbarkeit anschaust. Es will nichts Böses von dir. Es möchte gesehen und anerkannt werden. Nicht mehr und nicht weniger. Möglicherweise wollte dich die Emotion vor etwas beschützen. Ist das jetzt noch notwendig? Unterhalte dich mit deinem Gefühl, wie mit einem guten Freund.

Was du tun kannst, wenn etwas nicht zu dir gehört

Wenn es nicht deins ist, kannst du es getrost zurückschicken. Erkläre deine Absicht, es an den Absender zurück zu senden. Das reicht. Wenn du magst, kannst du es mit deinen Händen vom Körper wegschieben. Du musst nicht wissen, von wem es kommt, um es zurück zu geben. Alleine die Absicht, es zu tun, reicht vollkommen aus. Wenn du dem Ganzen mehr Energie geben willst, kannst du Gewahrsein, Liebe und Dankbarkeit mitschicken.

Tu dir etwas Gutes und bleib bei dir

In herausfordernden Situationen ist es wichtig, dass du bei dir bleibst. Finde heraus, was dich unterstützt und dir hilft. Belaste dich nicht mit den Gefühlen und Gedanken der anderen. Letztendlich kannst nur du etwas in dir verändern. Andere Menschen können dir Türen öffnen, durchgehen darfst du alleine.

Die Frage: Ist das meins oder zu wem oder was gehört das? ist eine der Fragen, die ich täglich nutze. Sie hilft mir dabei, bei mir zu bleiben und klar abzugrenzen, was ich von anderen übernommen habe. Nur wenn ich ganz klar bei mir bin und meine Gefühle und Gedanken wahrnehme, kann ich Dinge verändern und Möglichkeiten erschaffen.

Danksagung

Dieses Buch gab es schon sehr lange in meinem Kopf. Aber eben nur dort. Ich stelle täglich eine Frage auf meiner Facebook-Seite. Das hat für mich gepasst. Ich konnte mir nicht vorstellen, dass solch ein Buch Abnehmer finden würde. Dann haben immer mehr Menschen mich gefragt: Wann bringst du endlich ein Buch mit deinen Fragen heraus? Tja und da war sie, die Frage nach einer Möglichkeit. Deshalb gilt mein besonderes Dankeschön den Menschen, die mir diese Frage gestellt haben.

Ich bedanke mich bei meinem Mann. Auch wenn wir nicht immer die gleichen Ansichten haben, stehst du immer hinter mir. Du erdest mich und ohne dich könnte ich nicht zu ungeahnten Möglichkeiten aufbrechen.

Danke an meine wundervollen Kinder. Ihr gebt mir immer wieder den Raum, ich selbst zu sein und haltet meine Verrücktheiten aus. Ihr habt mein Leben verändert und bereichert und seid die großartigsten Lehrer, die ich mir wünschen könnte.

Über die Autorin

Heike Kaster ist verheiratet, Mutter zweier wundervoller Kinder, Schwiegermutter eines liebenswerten Schwiegersohnes und Oma einer zauberhaften Enkeltochter.

Sie vereint einen pragmatischen Verstand mit einem inneren Wissen aus der Seele und dem Herzen heraus.

Ihr pragmatischer Verstand unterstützt sie in ihrem Beruf als Bürokauffrau. Ihr Seelenwissen gibt sie in ihrer Praxis „Seelenerfüllung" weiter.

Sie liebt es, Fragen ohne Erwartungen an eine Antwort zu stellen und damit den Raum der Möglichkeiten zu öffnen, in dem sich ungeahnte Lösungen zeigen können.

In ihrem Leben gab und gibt es einige Herausforderungen. Dabei hat sie eines gelernt. Immer, wenn sie offen für die Lösungen war und ihrem Herzen und ihrer Seele gelauscht hat, wurde alles leichter. Die Antworten haben wie von Zauberhand zu ihr gefunden. Fragen auf eine andere Art und Weise als üblich zu stellen, hat diese Magie unterstützt. Sie ist großartig darin, Fragen zu stellen, die das Potential haben, alles zu verändern.

Dieses Buch ist eine Einladung, Fragen zu stellen. Lasst euch überraschen, was dadurch alles möglich wird.

Wenn du Lust auf mehr Fragen hast, besuche ihre Seite auf Facebook. Dort erwarten dich täglich neue Fragen. https://www.facebook.com/SeelenerfuellungHeikeKaster

Kontakt

Heike Kaster
Seelenerfüllerin und Fragenstellerin

www.seelenerfuellung-heike-kaster.de

email: seelenerfuellung@gmx.de

Zeitfracht Medien GmbH
Ferdinand-Jühlke-Straße 7
99095 Erfurt, Deutschland
produktsicherheit@kolibri360.de